「論理的に考える力」を伸ばす50の方法

onoda hirokazu 小野田博一

心の友だち

PHP

まえがき

ほとんどの日本人は意見を述べるのが下手です。意見の「理詰《りづ》め度」が低いのです。そして、そういう現状を受け、中学・高校での教育のあり方や、大学入試の問題のあり方は、意見を理詰《りづ》めに述べることを重視した方向に向かっています。

意見を理詰《りづ》めに述べるためには、述べ方の様式を学ぶ必要があるのは当然ですが、それ以前に、理詰《りづ》めに考えることができなければなりません。

そのための土台作りの方法を伝えるのが本書です。

本書で、その方法を知り、実践《じっせん》し、理詰《りづ》めに考える人になりましょう。そのようになれば、成績は大きく上がりますし、国際的な場で、まともな意見を述べることができるようになるでしょう。

２０１７年12月

小野田　博一

「論理的に考える力」を伸ばす50の方法

目次

第1章 論理思考とは何か？

第2章 日々考える力を養う

第3章 思考力トレーニング

第4章 論理的な表現力を身につける

＊本書で紹介されている書籍のなかには、書店で入手不可能になっているものがあります。その場合の閲覧には、図書館や電子書籍をご利用ください。

「論理的に考える力」を伸ばす50の方法

第1章

論理思考とは何か？

1 「私は論理的に考えることができない」と思っている大人たちについて知っておこう

「私は論理的に考えることができない」と思っている大人たちには、次の共通点があります。

❶理詰《りづ》めに考えることが（あまり）できない。
❷理屈《りくつ》を人に伝えるのが下手――理屈《りくつ》を書けない、話せない。

実際のところ、その人たちは、理詰《りづ》めに考えることがまったくできないわけではありません。たとえば、道が2つに分かれていて、右の道が銀行に至《いた》る道であり、かつ、その銀行に行こうとしているなら、だれもが右の道を選ぶでしょう。そのレベルの（つまり、低いレベルの）論理思考は、だれでもできますし、だれもが行なっています。

その人たちができないのは、もっと高いレベルの論理思考です。さらに、それ以前の問題として、「理屈《りくつ》を考えよう」という意志が欠けています。そして、この点が、❷の原因になっているのです。また、理屈《りくつ》を書くトレーニングの不足も❷の原因になっています。

池に行きたい人は、どちらの道を選べばいい？

2
「理詰《りづ》めに考えるとは何か」についての大基本を知っておこう

まっすぐ歩くためには……まっすぐ歩けばいい？

「理詰《りづ》めに考えるためには、どのように考えたらいい？」

そう聞かれたら、あなたは返事がしづらくて困ってしまうでしょう。理詰《りづ》めに考えるためには、理詰《りづ》めに考えればいい――ただそれだけのことだからです。

人は、理詰《りづ》めに考えるとき、何らかの工夫をして考えてはいません。「理詰《りづ》めに考えるコツ」に従って考えているのでもありません。

人は理詰《りづ》めに考えるとき、単に理詰《りづ》めに考えます。無意識にそれを行ないます。理詰《りづ》めに考える必要があるときに、理詰《りづ》めの思考が始まる——これを開始させるのは脳の無意識の層［思考管轄《かんかつ》部分］の作用です（「理詰《りづ》めに考えよう」と考えてから理詰《りづ》めの思考が始まるのではなく、理詰《りづ》めの思考は無意識のうちに始まります）。論理思考が苦手な人は、この無意識の層がうまく作られていないのです。それを作るための基本的なトレーニングが不足しているのです。

あなたが自分の論理性を高めたいと願うなら、このトレーニングをして無意識の層をうまく作らなければなりません。

そして、本書が以下で列挙する項目《こうもく》のほとんどは、そのためのものです。

3

論理思考とは何か
——まず、その概要《がいよう》をちゃんと知っておこう

フクロオオカミが何かを知らなかったら、それを描《えが》けない

「論理的に考える力」を伸ばすためのいろいろな方法を並べる前に、論理思考と論理について述べておきます（論理思考についてが第6項《こう》までで、論理についてが第7項《こう》です）。

それらについて知っていれば、そのあとの各項目《こうもく》の有効性は容易に理解できる

でしょう。

「与《あた》えられている条件（前提群）から『当然導ける結論』を導く」のが論理思考です。

「なぜその結論が導けるのかわからない」ような結論が導かれているなら、それは正しい（妥当《だとう》な）論理思考によるものではありません。

人はだれもが論理的に考えています（論理性のレベルはまちまちですが）。危険を察知した人は、それを避《さ》けようとします。昆虫《こんちゅう》ですら、同様です。人の腕《うで》にとまっている蚊《か》は、人にたたかれそうになったら飛び立ちます。

また、人は、論理思考を無意識に行なっています。論理的に考える前に、「さあ、論理的に考えよう」と思ったりはしません。論理的に考えている最中《さいちゅう》に、自分が論理的に考えていることを意識したりもしません。ただ、論理的に考えるだけです。

それは「自転車に乗る前に『自転車に乗る要領は何だったかな』と考えることもなく、自転車に乗っているときに自転車に乗る要領を考えることもない」のと同様です。

日常生活レベルの論理思考は、だれもが正しく行なっています。

発言・記述・行動が論理的に見えない人の問題点は、思考能力にあるのではなく、論理思考の結果を軽視・無視している点にあります。

「もっと論理的に話をしてくれ」と言われる人は、どんな話し方をしているのでしょう？

結論とどんな関係があるのかわからない話をしています。

論理思考に問題があるのではなく、話し方がまずいだけです。

論理的に話せない人、とは、理屈《りくつ》を話さない人、理屈《りくつ》を説明するのが下手な人、理屈《りくつ》を軽視している人、などです。相手が容易に理解できるように理屈《りくつ》を話すようにすれば、「論理的に話せない」という問題点は解決します。

論理的に考えていないように見える人は、理屈《りくつ》を軽視しているような行動・発言をする人です。理屈《りくつ》を重視するようにすれば、その問題点も解決します。

4 「思考がむちゃくちゃな人はどんな人か」を知っておこう

思考がむちゃくちゃな人にはいろいろなタイプがありますが、論理の点からむちゃくちゃな人は、次のような人です。

「かかる費用がもっとも少なくてすむ方法は何だろう？」（A）という話をしているときに——つまり、それが何かを話しているだけで、費用で選ぼうと言っているのではないときに、「費用で選ぶのではなく、利益がもっとも多くなる方法を選ぶべきです」と言う人。

この人は、Aを「かかる費用がもっとも少なくてすむ方法を選ぶべき」（B）の意ととってしまっているのが問題です。勝手な解釈《かいしゃく》をして、それを前提に話をする人の発言は、往々にして非論理的になります。

勝手な解釈《かいしゃく》をする人は、別のことを別のこととして認識《にんしき》できない（本例では、AとBの違《ちが》いがわからない）のであって、思考が緻密《ちみつ》ではありません。

「考える際の緻密《ちみつ》さ」を養うことが大切です。「厳密に考える習慣」をつけましょう。そのためには、単純な計算を多量にするのが効果的です。

茜《あかね》「桃《もも》はおいしいよね」
誠「値段が高いよ」
茜《あかね》「だからおいしくない、ってこと？」

誠の発言は、論理性の点から、むちゃくちゃ。

茜《あかね》の発言を「桃《もも》はおいしいからすばらしい（よい）」と勝手に変換《へんかん》し、「値段が高いからすばらしくない（よくない）」と暗に答えている。

5 話がむちゃくちゃな人について知っておこう

話がむちゃくちゃな人は、
①理由などの説明を求められた際に、その説明が要領を得なくてむちゃくちゃ、
とか、
②意見を求められたとき(「〜について論ぜよ」との出題に対して、などで)、
　その説明が要領を得なくてむちゃくちゃ、
などの人です。
これは、理詰《りづ》めに説明するトレーニングが不足していて、かつ、理屈《りくつ》を述べなければならない、という意識が欠けているのです。

ちょっと考えてみましょう…

たとえばAくんが、勉強をしたくなくて、かつ、その気持ちを尊重し、その気持ちで自己の行動を決定し、実際の行動として勉強をしなかったのなら、Aくんの思考も行動も理詰《りづ》めで論理的です。

さて、ここで「なぜ勉強しなかったの？」と聞かれて、Aくんはどう答えたらいいでしょう？

「したくなかったんだよ。理由なんかないよ」と答えたら……それではただのバカです。「したくなかった」という理由があるからです。

さらに言えば、Aくんが勉強したくなかったことにもちゃんと理由があるはずなので、それを自分で理解し、相手が理解できる表現でその理由も、「したくなかったんだ」に続けて答えればいい――ただそれだけのことです。

6 論理思考能力が高い人と低い人との思考の違《ちが》いを知っておこう

論理思考能力が高い人と低い人とでは、能力のレベルだけではなく、思考のあり方がまったく違《ちが》います。そこで、どう違《ちが》うかがよくわかる話を少々しておきましょう。

論理思考能力が高い人は、選択《せんたく》に悩《なや》みません。その思考は、混乱していないので単純なのです。

人が悩《なや》むのは、(たいていは)不可能なことを望むときです。

不可能なことは、当然ながら実現できないから、論理思考能力が高い人は、不可能なことを望みません。それで悩《なや》まないのです。

論理思考能力が低い人は、理屈《りくつ》と気持ちがつながっていなくて(思考のなかで理屈《りくつ》と気持ちが別のものとして同時に存在していて)、それで、不可能とわかっていても望んでしまって悩《なや》むのです。

例を挙げましょう。

あなたの目の前にまったく異なる2つのケーキがあって、どちらもとてもおいしそうです。あなたはそのうちの1つを貰《もら》えますが、2つは貰《もら》えません。それがルールで、2つ貰《もら》うのは絶対に無理——そういう状況《じょうきょう》です。

理詰《りづ》めに考えられない人は「1つを選ぶ」という思考を始めず、2つ貰《もら》う方法(ルールをうまく破る方法や、ルールを曲げたり変更《へんこう》したりする方法など)を考え始めてしまいます。それを考えてもムダであることがわかっていても、です。ルール違反《いはん》ができないことを納得《なっとく》できないのです。また、諦《あきら》めることを決めたとしても、1つを選べません。他方を諦《あきら》めきれないのです(決めた、と思っているつもりなだけで、じつは諦《あきら》めていないのです)。

理詰《りづ》めの人にとっては、話は単純です。2つ貰《もら》うのが無理であることを知った

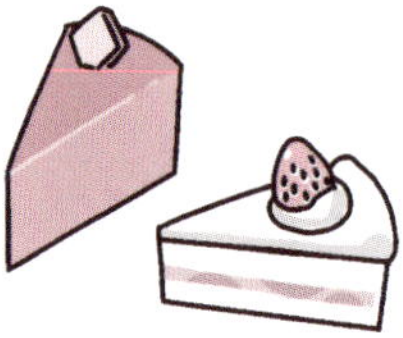

ら（交渉《こうしょう》の余地がないことを知ったら）、2つを求めません。どんな基準で1つを選ぶかを決め、その基準で一方を選ぶ――ただそれだけのことです。選ばないことにしたほうのケーキを「おしいなあ」と思ったりもしません。「そう思わないようにしよう」と思ってそうするのではなく、単に「思わない」のです。理屈《りくつ》と気持ちがつながっているので、理屈《りくつ》が気持ちを作り、「おしい」と考える理由がないのです（貰《もら》えないはずのものが貰《もら》えなくて「おしい」と思うなら、非論理的です）。

「実現の可能性がきわめて低いことに挑戦《ちょうせん》するか否か」の場合は、以下のようになります。

理詰《りづ》めでない人は、まず、挑戦《ちょうせん》するか否かで悩《なや》みます。「失敗に終わったらムダだから、そうなるのはいやだ。でも、諦《あきら》めるのもいやだ」と考えて、この2つのうちの一方を選べないのです。

そして仮に、挑戦《ちょうせん》することを選んだとしても、挑戦《ちょうせん》している期間中、「これがうまくいかなかったらどうしよう。いまやめてしまったほうがいいのだろうか」と悩《なや》み続けます。

理詰《りづ》めの人にとっては、話は単純です。一方を、単に選ぶだけのことです。

「うまくいかなかったときにどう感じるか」の点が自分自身にとって最大の関心事であるとすると、

「結局うまくいかなくてもかまわない」と考えたら、挑戦《ちょうせん》します。

「うまくいかずに終わるのはいやだ」と考えたら、最初から挑戦《ちょうせん》しません。

ただそれだけのことです。

そして、挑戦《ちょうせん》することを選んで挑戦《ちょうせん》している期間中に、「もしもうまくいかなかったらどうしよう」などと考えることはしません。そう考えても結果が変わるわけではないので、そう考えても意味がないことだからです――いえ、それ以前に

「結局うまくいかなくてもかまわない」と考えた者が「もしもうまくいかなかったらどうしよう」と考えるはずはないのです（もしもそう考えたなら、思考が錯乱《さくらん》しています）。

また、以上のように考えるのではなく、単に「したい」か「したくない」かだけの観点で、することを選ぶ場合もあるでしょう。その場合は「したい」ことをしているのですから、している最中《さいちゅう》にはもちろん「もしもうまくいかなかったらどうしよう」などと考えはしません。理詰《りづ》め人間の思考は、ごく単純なのです。

7 「論理とは何か」の概要《がいよう》を知っておこう

では、今度は論理について説明します。ここでは、あなたは概要《がいよう》がわかれば十分です。本項《ほんこう》中の用語を覚える必要はありません。

1つ以上の前提（**premise**）［これは論理学の用語です］から、結論（**conclusion**）を導くことを推論（**inference**）といいます。

そして、推論が述べられている文章を**argument**といいます。**argument**は日本語では議論や論証で、本書では「論証」と呼びましょう。**argue**「論ずる」の名詞形が**argument**です。論証では、前提は、結論を支えるものに当たります。したがって、

「論ずる」際は、結論とそれを支えるもの（つまり、その結論となる理由）を述べなければなりません。

ちなみに、2人以上で行なう議論**argument**の際は、互《たが》いに**argument**を述べなければなりません。たとえば、次の対話は議論ではありません。2人とも「論じ」ていないからです。

A「Cの意見は正しい」
B「いや、間違《まちが》っている」
A「絶対に正しいよ」

推論の例を挙げましょう。

前提　AかつBである。

結論　Aである。

（AやBには任意の名詞や形容詞などが入ります。好きな名詞を入れてみてください。たとえば、Aに「13歳《さい》」、Bに「中学生」など）

この論証は正しいですね。もう少し正確に言えば、この論証の論理は正しいですね。

これを文章形にすると、次のようになります。

「AかつBである。したがって、Aである」

この文章の論理は正しいですね。

ここでいう「正しい」とは、絶対的な正しさです。「人によっては正しいが、人によっては正しくないこともある」というタイプの正しさではありません。

このような、正しいか否かが正確に判定できるタイプの推論を演繹《えんえき》（deduction）といいます。

数学の証明で行なわれる論証は、すべて演繹《えんえき》です。数学的帰納《きのう》法と呼ばれる証明方法も使われますが、その証明方法は、その名前とは裏腹に、演繹《えんえき》です。

推論のうち、正しいか否かが正確に判定できないタイプのものを帰納《きのう》（induction）といいます。別の言い方をすれば、結論の正しさが100％確実ではないものを帰納《きのう》と呼びます。

たとえば、以下の例はみな帰納《きのう》です。

「この化石には背びれも尾《お》びれもある。したがって、これは魚だろう」

「いま外を歩いている人たち5人は傘《かさ》をさしている。ゆえに、いま、雨が降っているにちがいない」

「私の3人の友人はみな『オズの魔法使《まほう》い』を読んだことがある。だから、それは世界中でよく読まれているかもしれない」

日常的に述べられる論証のほとんどは帰納《きのう》です。

帰納《きのう》では、結論が正しく導かれている「感じ」が大事です。この感じが強い論証を、説得力がある、といいます。これは「理屈《りくつ》」による説得力です。

結論が正しく導かれている「感じ」の程度（強弱）は、同じ論証でも、人によって異なります。同じ文章が「ある人にとっては非常に説得力があるが、別のある人にはまったく説得力がない」ということは、よくあることなのです。

文章の論理性とはそういうものなので、文章を書く際は、より多くの人にとって説得力があるように工夫して書かなければなりません。

補足

「A、ゆえにB」のように、前提（群）から結論が導かれているものを命題（**proposition**）と呼びます。発言や記述の論理が正しいか否かの判断対象となるのは命題のみで、命題ではない発言や記述には論理はありません。

たとえば、「明日は私の学校の文化祭です」のような情報伝達文中には論理はありません。それゆえ、情報伝達文の論理を正しく書くことは不可能です（ないものを正しい形にすることはできないので当然ですね）。

8 論理思考の種類とレベルについて知っておこう

論理思考の種類は、大きく分けて3つあります。

❶論理そのもの（演繹《えんえき》論理）を正しく扱《あつか》える能力

普通《ふつう》の人は、ごく単純な三段論法［2つの前提から結論を導く推論］を行なえるだけのレベルです。つまり「AはBである。BはCである。したがって、AはCである」くらいの推論しかできません。が、実生活ではそれで十分です。

次ページの〈例題A〉は、❶がある程度高くないと解けませんが、実生活の論理思考を行なうためには、Aを解けるレベルである必要はありません。

❷理詰《りづ》めに考える能力

この能力は高ければ高いほどよい。

次ページの〈例題B〉は、❷がある程度高くないと解けませんが、実生活の論理思考を行なうためには、Bは解けなくてもOKです――ただし、解ける能力があると、いろいろな面で役立ちます（とくに勉強面で）。

❸「実生活の理屈《りくつ》」をうまく扱《あつか》える能力

この能力は❷とかなり重なるので、❷に秀《ひい》でていれば、❸も多少トレーニングするだけで、そのレベルを上げることができます。

例題A

（この問題を解けるのは、読者の1％以下でしょう。解こうとする必要はありません。演繹《えんえき》の難問がどのようなものであるかがわかれば十分です。なお、本問を解けるようになりたい人は、拙著《せっちょ》『13歳からの論理トレーニング』〈PHP研究所〉を読むとよいでしょう。）

「この箱が空《から》なら、この箱は空《から》ではない」あるいは「この箱が空《から》ではないなら、この箱は空《から》である」

この論理は正しい？（答えは41ページに）

例題B

（本問で、麻衣《まい》と理恵《りえ》はそれぞれ天使か悪魔《あくま》か人間です。天使はつねに真実を述べ、悪魔《あくま》はつねにウソをつき〈偽《いつわ》りの発言をし〉、人間は真実を述べることもウソをつくこともあります。また、この2人は互《たが》いの本性〈天使か悪魔《あくま》か人間か〉を知っています。）

麻衣《まい》「私も理恵《りえ》も、どちらも天使です」

理恵《りえ》「私も麻衣《まい》も、どちらも天使ではありません」

2人のうち、1人は本性がわかります。それはどちらで、本性は何？（答えは41ページに）

9 「理詰《りづ》めに考えるために必要な能力」について知っておこう

「理詰《りづ》めに考えるために必要な能力」の1つは、正確さです。

「結論はたぶんこんなところかな」というような大ざっぱな、いいかげんな思考ではダメで、正確さ、緻密《ちみつ》さが必要です。

正確に行なわなければならない作業や、緻密《ちみつ》に行なわなければならない作業は、論理思考能力の基礎《きそ》を作るので、重要です。

プログラミングはいい練習になります。正確でなければ、コンピューターは正しく動きませんから（ただし、これは万人《ばんにん》向けではありませんね。プログラムが正しく動かないとき、どこにバグ［プログラムを正しく動かなくさせている原因］があるかを教えてくれる人がすぐそばにいないと、プログラミングは苦しいだけのトレーニングになりかねませんので）。

四則計算も有益です。暗算をしましょう（暗算をすばやく行なえるようになろう、の意ではありません。暗算速度は全然上達しなくてもまったくＯＫ。正確に行なうことだけが重要です）。

（例題Aの答え）正しい。

「Aであるならば、Aではない」は、「Aではない」と論理的に同値。

「Aではないならば、Aである」は、「Aである」と論理的に同値。

したがって、出題の命題は、「この箱は空《から》ではない、あるいは、この箱は空《から》である」と論理的に同値。

「この箱は空《から》ではない、あるいは、この箱は空《から》である」の論理は正しい。

なお、「論理的に同値」と論理演算子「ならば」についての解説は、拙著《せっちょ》『13歳からの論理トレーニング』にあります。

（例題Bの答え）理恵《りえ》は人間。

なお、麻衣《まい》は、悪魔《あくま》と人間のどちらの可能性もあります（解説がほしい人は拙著《せっちょ》『13歳からの論理トレーニング』Q１３３を見てください）。

10

「論理が正しい」の2つの意味を知っておこう

ここに注目

「論理が正しい」の意味の1つは、演繹《えんえき》における論理の正しさです。

もう1つは文章や発言などの論理の正しさで、これは「理屈《りくつ》が正しい」とほとんど同じ意味です。これは、そこに書かれている理屈《りくつ》が正しそうに見えることです。

前者の正しさは絶対的なもので、「その正しさは人それぞれ」ではありません。

後者の正しさは絶対的なものではなく、「それが正しく見えるか否かは人それぞれ」です。

つまり、あなたが論理性の高い文章を書きたいなら、「あなたの文章の論理が正しく見えるか否かは読む人によってまちまち」であることをつねに意識したうえで、「より多くの人にとって理屈《りくつ》が正しく見えるように」工夫しなければならない、ということです。

11 「論理的な文章」とはどんな文章なのかを知っておこう

文章が論理的に見えるためには、

❶「わけのわからないことをごちゃごちゃと書いている」ような文章を書かないこと
❷何を書きたいのかがはっきりとわかる文章を書くこと
❸その結論となる理由が、「この理由ならこの結論になるのは当然だな」と思えるものであること

などが重要です。

たとえば、「ユキヒョウを絶滅《ぜつめつ》から守ろう。なぜなら現在、ユキヒョウは200頭しかいないから」ではダメです。結論である主張(注)を支えようとしているはずの理由が、結論をほとんど支えていないからです。これを書くなら、「200頭しかいない動物すべてを守るべき理由」をさらに書かなければなりません。少なくとも、「個体数が200である生物は、自然のままの状態では絶滅《ぜつめつ》してしまうのだから」くらいのことは書かなければなりません。

「私たちは絶滅危惧種《ぜつめつきぐしゅ》を守ろう。なぜなら、私たちは絶滅危惧種《ぜつめつきぐしゅ》を守るべきだから」のような同義反復的なものもダメです。

「この本はすばらしい。なぜなら、この本はおもしろいから」これもほとんど同義反復的でダメです。この場合は、どのようなおもしろさであるかを、詳《くわ》しく、可能なかぎり具体的に書く必要があります。

結論と理由があり、「この理由ならこの結論になるのは当然だな」と思えるとき、その文章は論理的です。論理的な文章とは、そのような文章を指すのです。

つまり、読み手が、「この書き手は要するに何を言いたいんだ？」「主張（結論）の理由はどこに書いてあるんだ？」「これって理由になってないぞ」と思う文章は、その読み手にとって、論理的ではありません。

(注)「主張」について

主張とは、考えを他《た》の人に伝えるために述べたもののことです。

多くの人は、それを「強い口調で」述べたもの、と誤解しているかもしれませんが、口調の強弱は主張の定義とはまったく関係がありません。

たとえば、以下の3つは、他《た》の人に伝えるために述べられたものであるなら、どれも主張です。

「10年以内に氷河期が始まるだろう」

「海王星には生物がいるかもしれない」

「私たちは、虫歯予防のためにチョコレートを食べたほうがいい」

英語圏《けん》では、日常会話の些《さ》細《さい》な主張にも、理由を添《そ》えます。

例を挙げましょう。

"We should stay quiet. We don't want them hearing us."

「(私たちは)静かにしていたほうがいいな。話し声をやつらに聞かれたくないから」

日本語でも同じように言うよ、とあなたは思うでしょう――この例の状況《じょうきょう》では、「静かにしていたほうがいいな」だけで終わらず、同じように言う日本人はもちろんいるでしょう。でも、これにかぎらず、英語ではほとんどつねにこのパターンです。日常的な些細《ささい》な主張にも、理由を添《そ》えるのです。

この英語感覚を「説明的すぎる」とか「くどい」などと感じる日本人は多いですね。が、この感覚が理詰《りづ》めの説明には必要です。これについてはあとで「小説」のところで、また述べます。

主張についての重要点（多くの日本人が知らない点）

「結論としての主張」は、それに対する反論がまともなもの――その主張の否定形がナンセンスでないもの――でなければなりません。

たとえば、「明日は雨だろう」——これはOKです。「明日は雨ではないだろう」は反論側の意見の人の主張になりえます（反論としてまともです）。

では、次のものはどうでしょう？

「国は△△をしてほしいものだ」——これは「国が△△をすることを〝私は〟望む」の意なので、その主張に対する反論（の主張部分）は「国が△△をすることを〝あなたは〟望まない」で、これは反論としてナンセンス。

したがって、「国は△△をしてほしいものだ」という主張はダメです。字面《じづら》では隠《かく》れていても、主張に「私」が入っているのが悪いのです。私がどうなのかなどを書かずに単に「国は△△をするべきだ」と書くべきなのです。

日本の新聞の社説やコラムでは「＊＊してほしいものだ」というセンテンスで終わる文章が多いのですが、結論としての主張はそれではダメだということを知っておきましょう。

「論理的に考える力」を伸ばす50の方法

第2章

日々考える力を養う

12 幼い子の「理《り》詰《づ》めの精神」を持ち続けよう

幼い子はよく「なぜ？」と言います。この感覚（理《り》詰《づ》めの精神）を持ち続けましょう。

幼い子が「なぜ？」と聞くのは、理屈《りくつ》で理解しようとしているからです。幼い子は理屈《りくつ》をまったく尊重していますね。ところが、この「なぜ？」に満足がいく答えがめったに得られないから、「なぜ？」と考えるのを、多くの人は成長するにつれて諦《あきら》めてしまいます。そして論理思考能力レベルの低い大人になっていくのです。

諦《あきら》めず、いろいろなことに疑問を持つ態度を幼い頃《ころ》のままに維持《いじ》しましょう。

13

〝歴史〟を読んでいるときは、「なぜなんだろうなあ」とつねに考えよう

歴史を説明する文章では、通常、歴史に関する記述があるだけで、理由に関する説明がまったくありません。そこで、センテンスごとに「なぜなんだろうなあ」と考えましょう（憶測《おくそく》したり、理由が書いてある文章があるかどうかを参考書で

探したりしましょう)。

たとえば、「1180年頃《ごろ》に、後白河法皇《ごしらかわほうおう》が『梁塵秘抄《りょうじんひしょう》』を編纂《へんさん》した」という記述を見たら、「なぜそれをしたのかな?」と考え、それを調べたりするのです。そうして、後白河法皇《ごしらかわほうおう》が大の〝今様《いまよう》〟好きだったことを知り、それで今様《いまよう》を後世に残すために(メロディーは無理でも、詩は)記録しておきたかったことがわかります——いえ、それ以前に、『梁塵秘抄《りょうじんひしょう》』が何の本であるかを知り、今様《いまよう》が何かを知り……というように、知識はどんどん増えていきます。好奇心《こうきしん》で増えた知識は記憶《きおく》にはっきり残るので、成績上昇《じょうしょう》にもつながります。まあ、これは、成績をよくするためにするわけではないのですけれどね。

メロディーが現存する唯一《ゆいいつ》の今様《いまよう》は、「かごめかごめ」のような暗いわらべ歌によく似ています。今様《いまよう》の名残《なごり》がわらべ歌なのかもしれませんね。

14 曖昧《あいまい》な記述があったら、それに関して調べよう

歴史の本を読んでいるときなどに曖昧《あいまい》な記述があったら、それに関して調べましょう。

たとえば、「第＊代将軍Aの厳しい政治は、民衆の反発を招いた」という文があったなら、「厳しい政治とは具体的にどんな政治だったのか」、「民衆の反発とは具

体的には、どんな出来事があったのか」、などを調べるのです。

この作業は、「自分が理屈《りくつ》を述べるときに曖昧《あいまい》に述べない」という無意識の姿勢につながっていきます。歴史の記述は理屈《りくつ》を述べたものではないにもかかわらず、です。

15

「数学が得意」という意識がないなら、数学が得意になるように努めよう

（そのために具体的に何をするといいのかは後半の項《こう》で）

「数学が得意」という意識がないなら、「数学が得意になるように努める」ことを何よりも優先させましょう。「数学が得意」という意識を持てれば、それだけで論理思考能力は極端《きょくたん》に高くなりますから。

それはなぜなら、「数学が得意」という意識が、何事においても理詰《りづ》めに考える姿勢を作るからです。

論理思考能力とは、理詰《りづ》めに考える能力とだいたい同じです。

数学が得意であると、理詰《りづ》めにしか考えられないから（理詰《りづ》めに考えることを尊重するので）、論理思考能力は当然高くなります。

ちなみに、数学が「楽にすばやく」得意になるための方法は、「問題と解き方説明」のセットを短期間に多量に読むことです（これについては、拙著《せっちょ》『13歳からの算数・数学が得意になるコツ』〈ＰＨＰ研究所〉に詳《くわ》しく書いてあります）。

16 自分で考えよう

論理思考は「完全に自力」で行なうものです。数学が「自力で論理的に考える」能力を養うことは言うまでもありませんね（もっとも、「何のために数学を勉強するの？」と思う人は、それを知りませんが）。

ゲームですら、「完全に自力」で行なうものは、論理思考能力の土台を作るのに役立ちます。

また、自分が何をするか、とか、何を買うか、などの選択《せんたく》をつねに自分の好みで行なうようにすると、それにつれて思考パターンも単純になるものなので、自力で決定を行なうことが楽になり、「ごちゃまぜ思考」から脱《だっ》するよいトレーニングになります。

また、意見を求められたときには、「先に他《た》の人の意見を聞いてから自分の意見を決めたい」などとは決して思わないようにしましょう（日本人には、自分の意見を決めようとする際に理詰《りづ》めの思考が働かず、「先に他《た》の人の意見を聞いてから決めたい」と思う人［いわば風見鶏《かざみどり》タイプ］がなぜか多いので、これは結構難しいことではありますが……そう思わないように、少なくとも努力だけはしましょう）。なんといっても、日本人の小論文下手《べた》は、ここに原因があるのですから。

補足

他《た》の人の意見を聞くな、と言っているのではありません。自分の意見を述べてから、他《た》の人の意見にも耳を傾《かたむ》けるのです。

17 論理思考と行動が一貫《いっかん》しているようにしよう

論理思考と行動が一貫《いっかん》しているようにしましょう。

たとえば、「コーヒーに砂糖を入れて飲むのは1日に1杯《ぱい》までと私はすべきだ」と思ったら、そうすることを決定し、その決定に完全に従うのです。例外の日を設けてはなりません。また、「目の運動を1日に1分、私はすべきだ」と思ったら、そうすることを決定し、その決定に完全に従うのです。例外の日を設けてはなりません。

こうしてあらゆる決定に完全に従って行動していれば、行動があなたの思考のあり方に大きく影響《えいきょう》を与《あた》え、あなたの思考はつねに単純に、機械的に、論理的になるでしょう。

「論理思考に問題があるように見える人」は、思考力のレベルが低いことが問題なのではなく、思考と行動（書く・話す、を含《ふく》む）がつながっていないことが問題なのです。

18 論理思考を制御《せいぎょ》するコントロールセンターを作ろう

ここでいうコントロールセンターとは、比喩《ひゆ》表現で、どのような論理思考を行なうかをコントロールする、論理思考の上位の思考管理部ほどの意です。

たとえば、採点（という論理思考兼《けん》行動）を行なうためには、採点基準が必要です。それが必要であることを認識《にんしき》し、その基準を作るように指示を出すのが、コントロールセンターです。要するに、「論理思考を始める前に考えるべきことを、論理思考の前に考える」という思考習慣を作ろう、ということです。

何らかの選択《せんたく》をする際は、どんな点で決定・判定・判断をするべきかをまず考えましょう。

これは「意見を述べる際の発言の論理性」に大きく関わってきます。

議論下手《べた》な2人が議論をしているときには、互《たが》いに別次元の話をしていて永久に議論が終わらない、という事態になることがよくあります。

「A案は費用がかからないから、A案のほうがよい」

「いや、B案のほうがただちに実施《じっし》できるから、B案のほうがよい」

といった具合です。どの観点から判断を下すべきかをまず決めなければならない、という発想が２人とも欠如《けつじょ》しているのです。

またたとえば、「ある事柄《ことがら》が男女差別か否か」について議論をしている際に、２人の意見が異なったまま収拾《しゅうしゅう》がつかない、というような事態もよく起こります。このような事態は、互《たが》いの「差別」の定義が異なっていることに２人とも気づいていなかったり、「差別」のはっきりとした定義を少なくとも一方が持っていなかったりするときに起こるのです。

「差別」について議論をするなら、その語を、議論の前に定義しなければならない、ということに気づかなければなりません。たとえば、「差別とは、その扱《あつか》いを受けた者が不利益を被《こうむ》る――そのような扱《あつか》いのことである」などのような定義で両者が合意したのちに議論を始めれば、その議論が収拾《しゅうしゅう》がつかなくなることはあまりないでしょう。

定義をするべき事柄《ことがら》がもしもあったら、「議論を始める前に、まずその定義をする必要がある」ということに気づくようになりましょう。

（ちなみに、比喩《ひゆ》の話を続けると、）それに気づかないなら、コントロールセンターがまだうまく機能していない、ということです。

悩《なや》む習慣がある人は、コントロールセンターがうまく機能していないのです。別次元の内容を比較《ひかく》し続けて、取捨選択《せんたく》ができないのです。

理詰《りづ》めに考える人の大きな特色の1つは、「2つ以上の別のことを同時に（ごちゃまぜに）考えない」という点です。これはコントロールセンターが完全に機能している状態なのです。

採点基準がなかったら採点できない

19 単純に考えよう

「理《り》詰《づ》め人間は単純に考える」ということについては、もう何度か登場していますね。

世の中には複雑な問題はほとんどありません。複雑な問題はいろいろある、と考えている人は、別次元の事柄《ことがら》をごちゃまぜにして考えているだけです。つまり、思考が混乱しているのです。

別次元・別側面の事柄《ことがら》をごちゃまぜにせず、単純に考えましょう。

そのためには、重要でない事柄《ことがら》は思考からそぎ落としましょう。

文章の書き方について注意点を1つ

（これは第4章の内容ですが、本項《ほんこう》の関連話題ですので、ここに書いておきます。）

論理性の低い人にとっては、「複雑な内容に見せると高尚《こうしょう》な内容を扱《あつか》っているかのように見える」ので、自分自身の主張に対する反論すら詳《くわ》しく書いたりして、文章を複雑にしたがる傾向《けいこう》があります。わけのわからない論説文や小論文は、だいたいはそのように書いてありますね。

複雑に見せるのは厳禁です。より単純に示しましょう。

例

「△△である。しかし▲▲である。ところが▼▼である。などなど」

これではむちゃくちゃです。この形式は、日本の論説文でよくありますね。

20 毎夜、眠《ねむ》る前に、「知的な超人《ちょうじん》」となった自分の姿を脳裏《のうり》に思い描《えが》こう

毎夜、眠《ねむ》ろうとして目を閉じたときは必ず、「知的な超人《ちょうじん》」（知性におけるスー

パーマン）となった自分の姿を脳裏《のうり》に思い描《えが》きましょう。これはイメージトレーニングとしてとても重要で、また、成績上昇《じょうしょう》への効果は絶大です。このイメージトレーニングはあなたの勉強への姿勢を大きく変えてしまう（あなたは勉強への意欲のかたまりとなる）からです。

「こんなことで人が変わるなら（とくに、成績が上がるなら）苦労しないよ」と笑う人は多いでしょうが、とりあえず1カ月試してみてください。笑ったのが間《ま》違《ちが》いだったことをあなたは知るでしょう。勉強を苦労と感じなくなるのです。

21 空き時間には妄想《もうそう》・空想にふけっていよう

数学のことを考えているとき、思考は、現実世界とは異なる別世界に飛んでいます。現実世界では、完全な円も、太さのない直線も存在しませんが、数学のことを考えているときは、それらが存在する世界にいるのです。

妄想《もうそう》や空想は、思考を別世界に飛ばす練習になるので、それをしていると数学好きになりやすいのです。

22 鵜《う》呑《の》みにしないようにしよう

情報や発表や、情報風な単なる意見など、見聞きしたことを鵜《う》呑《の》みにしないようにしましょう。これは「なぜだろう？」と考える習慣のために重要です。

たとえば、「個体数が２００を切った生物は、自然のままで放置していると絶滅《ぜつめつ》してしまう」という文があったとして、それを読んだとき、たとえ専門書に書かれていたのだとしても、鵜《う》呑《の》みにせず、「なぜ、そのようなことが言えるんだ？」と考えましょう。

たいした根拠《こんきょ》なく主張をする専門家はたくさんいます。学問の世界は「先に主張した者の勝ち」（最初に述べた人が発見者）の世界なので、何らかの仮説を持った人は、急いで調査をして、その仮説を証明する結果が得られた（ように思える）という発表をするものなのです――「ように思える」ではなく、「結論の正しさが示唆《しさ》される」と書く形式で。

そうして、怪《あや》しい仮説さえも、真実として世に広まることがあるのです。専門家が述べたことですら正しくないことがあるので、ましてや、そうでない人が述べた内容は疑わしいのです。鵜呑《うの》みにしてはなりません。

今度は、テレビの番組でよくありそうなテーマを例として挙げてみましょう。

「長生きの人100人に聞いてわかった、長生きの秘訣《ひけつ》！」

この番組を見て、そこで秘訣《ひけつ》として挙げられていた内容を丸ごと信じ込《こ》んでしまう大人は、かなりいるでしょうね。そのような鵜呑《うの》みの態度ではダメです。

内容の個々の項目《こうもく》について「なぜそれが結論できるんだ？」と考える態度が必

要です。

ちなみに、このテーマに関していえば、もちろん、長生きの人100人に聞いただけでは、秘訣《ひけつ》は何もわかりません。1000人に聞いたとしても、です。少なくとも、長生きではなかった人との比較《ひかく》（および統計的検定）などが必要です。

追記

もちろん、本書に書いてあることも鵜呑《うの》みにはせず、あなた自身でその真《しん》偽《ぎ》を判定しましょう。

23 意見を見聞きしたときは、理由が添《そ》えられているかを必ずチェックしよう

文章を読む際には、何らかの主張が書かれていたら、その次に主張の理由が書かれているかを必ずチェックしましょう。

また、テレビのニュースなどで通行人の意見を聞いたときは、その発言に理由が添《そ》えられているかを必ずチェックしましょう。

これをしていると、日本では主張に理由が添《そ》えられていないことが多いことに気づいて、あなたはガク然とするでしょう。そして、あなた自身は、必ず理由を添《そ》えるようになるでしょう。

24 テレビで聞いたコメントに対しては、必ず反論を考えよう

テレビに出てくるたいていのコメンテイターは、胡散臭《うさんくさ》いことをときおり述べます（浅い知識や怪《あや》しい情報などを、もっともらしく飾《かざ》って述べます）。

コメンテイターの発言を聞いたときは、必ず、それに対する反論を考えましょ

う。少なくとも、「そのコメントのどこに問題点がありそうか」を必ず考えましょう。

注記

ある番組中で、数学者F氏が物理学の基本的な事柄《ことがら》を誤解しているコメントを述べていたことがありました。高校生ですら知っている基本的なことを数学者が間違《まちが》えるくらいなので、一般人《いっぱんじん》のコメントがどんなにひどくても、なんら不思議なことではありませんね。

新しい説によれば、平安時代の次は、江戸時代なんですよ。

25 言い訳を必ず言おう

言い訳を必ず言いましょう。責任逃《のが》れのためではなく、理詰《りづ》めの人間であることを示すために、です。

何かよくないことをしたのなら、それをした正当な理由が必要です（「あなたにとっての理由」ではなく、「正当であると万人《ばんにん》が認めるほどの理由」が必要です。さもなければ、あなたは「正当な理由なしによくないことをした人間」になってしまいます）。それゆえ、正当な理由があってそれをしたことを示す必要があるのです。

注意

「謝《あやま》らずに言い訳を言おう」の意ではないですよ。謝《あやま》るのと同時に言い訳も述べるのです。

余談

「それじゃ言い訳になっていないよ」と感じる下手な言い訳を、英語では**lame excuse**と言います。

教師や親に一言

（本書の読者中には、私の他書と同様に、中学や高校の教師も多いでしょうから）

子どもに対して「言い訳は言うな」と言ってはなりません。そのように言うのは、理屈《りくつ》を受けつけない非論理的な人間の態度ですから。

子どもが過失などをしたら、必ず言い訳を求めましょう。それが子どもの理詰《りづ》めの態度を育てます。

「論理的に考える力」を伸ばす50の方法

第3章

思考力トレーニング

26 思考だけで勝敗が決まるゲームをしよう

チェスや囲碁《いご》のような、思考だけで勝敗が決まるゲームをしましょう。

つまり、カード運やサイコロの目の運などに影響《えいきょう》されないゲームです。

チェスや囲碁《いご》は、理詰《りづ》めの思考よりも、経験からくる形勢判断が重要なので、あまり直接的な論理思考トレーニングにはなりません。が、長時間考え続けるトレーニングになるので、その点では思考トレーニングとして重要です（また、「自力で考える」とか自分自身で決めるトレーニングとしても重要です）。

ちなみに、これをしていると、確実に成績は上がります（チェスや囲碁《いご》が上達すると成績が上がる、という意味ではありません。真剣《しんけん》にゲームにのめり込《こ》んでいる時間と成績上昇《じょうしょう》には強い関連がある、ということです。なので、チェスや囲《い》碁《ご》の実力はまったくアップしなくてもOKです。真剣《しんけん》にゲームをすること――これが重要です）。

27 ジグソーパズルを解こう

ジグソーパズルを解きましょう。

使うパズルの種類は、絵柄《えがら》のはっきりしたものを。ピース数は少なめ（100ピース前後）が望ましい――苦行《くぎょう》として行なうわけではありませんから。

ジグソーパズルを解く際は、ピースを頭の中で回転させて考えています。これが「視覚化」のトレーニングとして役立ちます。「視覚化」は、図形の問題のみならず数学全般《ぜんぱん》の問題を解く際に有効です。問題を目で見える形で表現すると楽に解ける問題は多いからです。

また、「視覚化」は記憶力《きおくりょく》アップにも役立ちます。視覚的に覚えるのが楽な覚え方ですから。たとえば、**weasel**［イタチ］を覚えようとする場合、イタチの姿がすぐに頭に浮《う》かぶ子と、そうでない子とでは、前者のほうが圧倒的《あっとうてき》に軽々と覚えることが可能です。また、**meditation**［瞑想《めいそう》］を覚えようとする際も、瞑想《めいそう》している人の姿を頭の中に思い描《えが》ける子は、それを楽に覚えることが可能です。

ちなみに、歴史の勉強をしているときに人物名が出てきたら、その人物の肖像《しょうぞう》画《が》や彫像《ちょうぞう》や戯画《ぎが》などをネットで検索《けんさく》して必ず見ましょう。そうすれば、覚えようとしなくても覚えてしまいます。

次の例では、Ⓐではなく Ⓑが、上図の空白部分に入るのがわかりますね？　このことを認識《にんしき》するのが論理思考です。

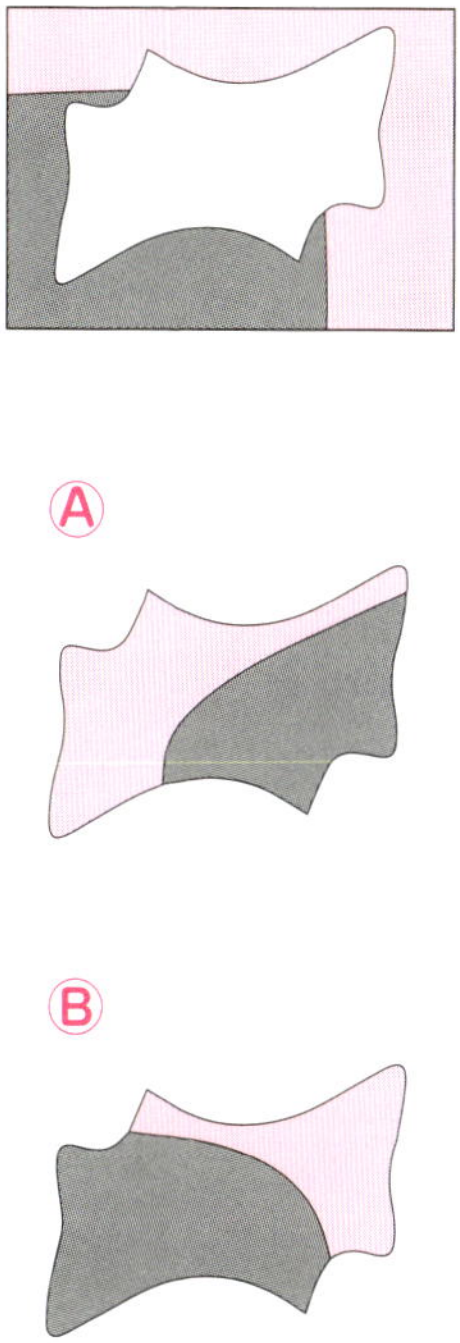

28 へりくつ（歪《ゆが》んだ理屈《りくつ》）をいろいろ考案して遊ぼう

へりくつをいろいろ考案して遊びましょう。へりくつ考案は、自分の理屈《りくつ》の説得力を冷静に見るよいトレーニングになるのです。

自分が支持している主張に関しては、その理屈《りくつ》の説得力がどれほどあるかが、自分ではよくわからないものですが、ふざけて考案したへりくつに関しては、自分でそれを支持しているわけではないので、その説得力を冷静に見ることができるからです。

このトレーニングは、理屈《りくつ》の説得力を考えながら理屈《りくつ》を述べる習慣を作ります。

例を挙げましょう。

まず、変な（まともでない）質問を作ります。まともな質問では、へりくつを考案しづらいからです。

たとえば、こんな具合に。

「読書はなぜ目にいいのか？」

では、これに答えるへりくつを、いくつか考案してみましょう。

①パソコンを見つめているのは目に悪く、読書をすればするほど、パソコンに向かっている時間が短くなるので。
②近視の度合いが強い人が裸眼《らがん》で読書をするのは目にいい。なぜなら、裸眼《らがん》での読書は、眼鏡をかけた人が遠くを長時間眺《なが》めているのと同じことなので。
③読書中は、大きくではないが、目を動かしている。この運動が目にいいのである。

どの理屈《りくつ》も大した説得力はありませんが——それゆえへりくつなのですが——それでも、このなかでは、どれがあなたにとってもっとも説得力がありますか？私にとっては①ですが、あなたにとっては②か③かもしれませんね。どうでしょう？　この練習で、「理屈《りくつ》の説得力」に対する判断力が養えることは実感できたのではありませんか？

29 英語圏《けん》の小説の翻訳《ほんやく》を多量に読もう

英語圏《けん》の小説は、日本の小説よりも地の文の理詰《りづ》め度がはるかに高いので、それを多量に読むことで、理詰《りづ》めに考える土台（無意識の層の部分の思考パターン）が自然にできあがります。

翻訳《ほんやく》は、なるべく古いものが望ましい。古い翻訳《ほんやく》の多くは原文を尊重しているからです。

現代の訳は、理詰《りづ》めの説明になじんでいない日本人の感性に合うように、文が勝手に加工されて理詰《りづ》め色を削《けず》られていることがあるので、なるべく避《さ》けるほうがいいでしょう。もちろん、本ごとにさまざまなので、「現代の訳はすべてダメ」なのではありませんが。

補足

現代の訳者のなかには、原書の時制を無視して、次のように過去形の文と現在形の文をごちゃまぜにして訳す人がかなりいますね。

「マイラは外に出た。芝生《しばふ》の上に大鴉《おおがらす》がいる。」

このように訳す人は原文尊重の姿勢に欠けている可能性が高いので、その人の翻訳《ほんやく》を読むのは避《さ》けるほうがいいでしょう。

なお、大人向けの小説よりも、児童文学のほうが、概《がい》して、地の文や会話の理《り》詰《づ》め度が高い傾向《けいこう》があります。だから、児童文学のほうが望ましいのですが、「児童文学は幼稚《ようち》だからいやだ」と思う人は、大人向けの小説でもOKです。コナン・ドイルの『シャーロック・ホームズ』作品群や、E・A・ポーやトマス・ハーディの短編群や、ディケンズの『クリスマス・キャロル』ほか、中学生が楽に読める小説はふんだんにあります。——というよりも、ほとんどの小説を中学生は読むことができます（中学生の知的水準は大人とほとんど変わりませんから)。日本の小説とは大きく異なり、英語圏《けん》の小説は読者を楽しませることが最優先(注)なので、自分の好きなジャンルを選ぶだけでいいのです。

(注)

このあたりのことは、説明したらきりがないのですが、もっとも特徴的《とくちょうてき》な点を1つだけ述べておきましょう。日本語の「純文学」は、俗《ぞく》受けを狙《ねら》っていない作品のことですが、英語の**pure literature**は、小説や戯曲《ぎきょく》などの完全な創作作品のことです。つまり、俗《ぞく》受けを狙《ねら》っている小説も、**pure literature**なのです。

推薦《すいせん》図書を多少並べておきましょう(以下は、児童文学のみではありません)。

●L・F・ボーム『オズの魔法使《まほう》い』とその続編群（理屈《りくつ》っぽさが特徴的《とくちょうてき》です。）

●クリスティーナ・ロセッティ『小鬼《こおに》の市《いち》』（『英国ロマン派幻想《げんそう》集』に入っています。原題は ***Goblin Market*** です。）

●レ・ファニュ『カーミラ』（吸血鬼物《きゅうけつき》。古色蒼然《こしょくそうぜん》としたゴシック小説の名作です。子供向け書き換《か》え版ではなく、全訳版を。日本語感覚で加工されたものは、本項《ほんこう》の目的にそぐわないので。）

●ジェイン・オースティンの全長編。『ノーサンガー・アビー』は、ゴシック小説好きなヒロインの物語なので、とっつきやすいでしょう。

●E・ネズビット『魔法《まほう》の城』『アーデン城の宝物』『ディッキーの幸運』（後《うし》ろの2つは二部作で、読後感は圧倒的《あっとうてき》。）

●F・H・バーネット『小公女』『白い人びと』（人ではないのですが……。）

●エリザベス・グージ『まぼろしの白馬』

- A・A・ミルン『ユーラリア国騒動記《そうどう》』（絶版になっていますが、図書館で読めるかもしれません。原書のタイトルは、*Once on a Time*です。）
- E・A・ポー『アッシャー家の崩壊《ほうかい》』
- ルイス・キャロル『不思議の国のアリス』（作者の本名はチャールズ・ドジソンで、数学者でした。）
- デフォー『ペスト』（ただし、分厚い本なので、文章を読むのが遅《おそ》い子には不適切。その子には、読んで疲《つか》れるだけの本かもしれません。一方、読むのが速い子は、デフォーの描写《びょうしゃ》の力量に感動し、大満足できるでしょう。）
- ハーディ『貴婦人たちの物語』（短編集です。ハーディの短編集はほかにも数点あります。これが気に入ったら、他《た》の短編集も全部読むといいでしょう。）

30 英語の子供向け小説・物語を多量に読もう

翻訳《ほんやく》された小説の文章は、日本語として自然でなければならないので、どうしても日本語感覚による加工が入ってしまいます（正確な表現は、日本語表現習慣から見て「くどい」ことが多いのです）。それで、英文そのものを読むほうがより望ましいのです。

というわけで、英語の語彙《ごい》が豊富になったら、あなたの語彙《ごい》で難なく読める英語の小説・物語を探して、多量に読みましょう。すでに書きましたが、大人向けよりも子供向けの小説のほうが地の文の理詰《りづ》め度が高いので、子供向けの作品が効果的です。

もちろん、英語の子供向け小説・物語を読むのは、普通《ふつう》の中学生には無理ですが、語彙《ごい》が3000語くらいになったら中学1年生や2年生でも余裕《よゆう》で可能です。さあ、いまから語彙《ごい》を一気に徹底的《てっていてき》に増やしましょう（そうすれば英語の成績も抜群《ばつぐん》によくなって好都合です）。

さて、その方法ですが、「1日に10語ずつ増やそう」というようなタラタラとした方法ではダメです。その方法では、1週間で増える語彙《ごい》は20語程度でしょう。タラタラとした方法では脳が活性化しないので、多くを忘れてしまうのです。「今日はこの200語のうちで、簡単に覚えられる語だけ覚えよう」というやり方をしましょう。そして翌日は、別の200語を使うのです。

覚えられなかった語を繰《く》り返し覚えようとするのはやめましょう。覚えられなかった語を無理に覚えようとすると、脳に心理的な負担がかかって、よくありません（他《た》の単語も覚えにくくなってしまいます）。覚えられなかった単語は当面は無視し、他《た》の覚えやすい単語を片っ端《ぱし》から吸収することに専念しましょう。

知識が豊富になると、新たに覚える作業が楽になるものです（他《た》の知識と関連づけて覚えられるからです）。語彙《ごい》が豊富になったら、以前は覚えられなかった単語も容易に覚えられるようになっているので、「当面は無視」の単語を気にする必要はありません。

推薦《すいせん》図書

原書でも比較的《ひかくてき》楽に読める、楽しい本を紹介《しょうかい》しておきます。

- **Frances Hodgson Burnett**, *Sara Crewe*（これに加筆して3倍以上のページ数にした作品が、*A Little Princess* です。）

- Catherine Storr, *The Complete Adventures of Clever Polly and the Stupid Wolf*
- Suzanne Williams, *Princess Power* の連作群（全6冊。絶版になったあと、Kindle《キンドル》で読めるようになりました。）
- Holly Webb, *Maisie Hitchins* の連作群（全8冊。１００年以上前のロンドンが舞《ぶ》台《たい》です。）
- Helen Perelman, *Candy Fairies* の連作群
- L. Frank Baum, *The Wonderful Wizard of Oz*（およびその続編群）
- Angie Sage, *My Haunted House*（およびその続編群）
- Sheri Cobb South, *The Cinderella Game*（*Sweet Dreams* シリーズの最高傑作《けっさく》の１つ。絶版になっていますが、いずれKindle《キンドル》で読めるようになるでしょう。）
- Dotti Enderle, *The Fortune Tellers Club series*（全8作）
- Cherith Baldry, *The Abbey Mysteries*（四部作。十字軍の時代が舞台《ぶたい》です。ヒロイ

ンの Gwyneth は13歳《さい》。）

● Edith Nesbit, *Wet Magic*（邦訳《ほうやく》されていないようなので、ネズビットを1冊だけ読むなら、これがいいでしょう。）

● Penelope Farmer, *Charlotte Sometimes*（タイムスリップ物。児童文学の名作中の名作です。ただ、地の文が多いので、英文を読みなれていないとつらいかも。最後は切《せつ》ない。）

31 短編小説を書こう

短編小説をいくつか書くと、小説や物語を読んでいるとき、その著者がどれほど上手に作品を書いているのかがよくわかります。書く側の立場で作品を見ることができるからです。

そのような視点から作品を読むと、どんな場面で登場人物にどんな発言をさせているか、とか、どんなことが詳《くわ》しく書いてあって、どんなことが書かずに飛ばしてあるか、など、いろいろな点で感動できるでしょう。話の内容に感動するのではなく、書く手際・技量に感動できるのです。

書く側の立場で作品を見た経験は、あなたが意見を書くときの表現の選択《せんたく》に注意深さを与《あた》えるでしょう。

空想中の小説の１シーン

32 アニメ好きなら「RWBY《ルービー》」を毎日1話見よう（英語のままで）

アニメ好きなら「RWBY《ルービー》」［アメリカのアニメ。YouTube《ユーチューブ》で見ることができます］を、毎日1話見ましょう。しかも英語のままで。字幕なしが望ましい。

ほとんど聞き取れなくてもOKです。「発音は聞き取れるが、意味はわからない」のであってもOKです。毎日聞き続けていれば、半年もたたないうちに、かなりの部分をなぜか理解できるようになっているでしょう。言語とはそういうものので、このことはよく知られています。というよりも、あなた自身でそれを経験できるでしょう。

気負わず気楽に聞き続けましょう。

《もちろん、「RWBY《ルービー》」よりももっとあなたの好みに合う英語圏《けん》のアニメがあるなら、そちらを。》

英語圏《けん》のアニメがいい理由は、以下のとおりです。

「何を説明するときに何を述べなければならないのか」の感覚（日常習慣）が日本と英語圏《けん》ではかなり異なり、英語圏《けん》のほうがはるかに理詰《りづ》めだからです。この感覚の違《ちが》いは、小説・物語を読めば無意識の層で理解可能であるけれど、小説・物語の文字を見るだけではなく、音で聞く経験もしよう、ということです。状況《じょうきょう》を映像で見ながら音を聞くほうが影響力《えいきょうりょく》が強い（楽に吸収できる）からです。

余談

本項《ほんこう》と実質的に同じことなのですが、私が高校生だったとき、駿台《すんだい》予備学

33 数を扱《あつか》う単純な問題を多量に解こう

校の夏期講習でだったか、英語の先生が、こう言っていました。

「英語に対する自信をつけるために、英語のペイパーバックを1冊読みなさい。わからない単語があっても気にせず、辞書で調べたりはせずに、とにかく読了《どくりょう》しなさい。そうすれば、読み終えたときには、わからなかった単語の意味は理解できているでしょう」

そこで私は、それを試しました（懐《なつ》かしい）。何度も繰《く》り返し出てくる単語に関しては、実際にそのとおりでした。

数を扱《あつか》う単純な問題（算数の問題や、方程式を作って解く簡単な問題など。つまり、図に補助線を引いたりして解く問題ではなく、計算のみで機械的に単純に解ける問題）は、いいかげんに考えない練習として最適です。

論理思考は正確に、緻密《ちみつ》に行なうものです。思考を「正確に、緻密《ちみつ》に」行なう基礎《きそ》作りのために、数を扱《あつか》う単純な問題が手軽で効果的です。それをたくさん行なって、基礎《きそ》をしっかりと作りましょう。

「容易に解ける問題」を日々コンスタントに解くのが大切です。

「解き方はこれでいいのか（理屈《りくつ》が正しいのか）わからないけれど、とりあえずこの式で解いてみよう」という感じの解き方はダメです。それでは理詰《りづ》めに考える練習になっていませんから。

34 力学の問題をたくさん解こう

力学の問題とは、たとえば、次のような問題で、これは小学生でも解けますね。

例題

下図で？の部分が何gなら、釣《つ》り合う？

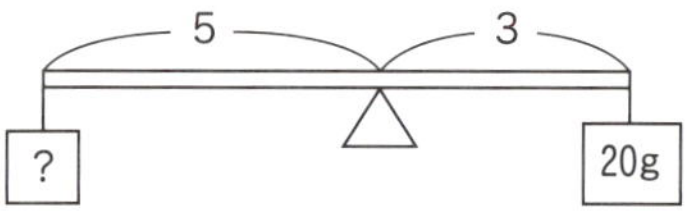

[答え] 12g

力学の問題は、状況《じょうきょう》設定が単純で、それから作る関係式がまた単純で、その式から答えを導く計算も単純です。それで、論理思考トレーニングのよい材料になるのです。

また、力学以外でも、理科の単純な計算問題は、論理思考トレーニングのよい材料になります。

35 数学パズルの古典問題を多量に解こう

数学パズルの古典問題は、数学の知識を必要としないものがほとんどで、小学生でも解けます。数学パズルの古典問題を解くのは、数学好きになるための楽な方法です。

なお、古典問題がどこにあるかを探すのがめんどうな人には、H・E・デュードニーの問題集がおすすめです——古典中の古典ですので。

この点にとくに注意

数学パズルのなかには、試行錯誤《しこうさくご》が長時間必要になる問題がときにあります。このタイプの問題では、いきあたりばったりのランダムな試行錯誤《しこうさくご》を決してしないこと。システマティックに完全解析《かいせき》をする要領で問題を解きましょう。

36 論理パズルを解こう

1つしかない解を機械的に導く、という意味で、単純な論理パズルは、機械的

古典問題

「ケーニヒスベルクの橋」
図の7つの橋を、それぞれ1回だけ通って、すべて渡《わた》ることは可能？

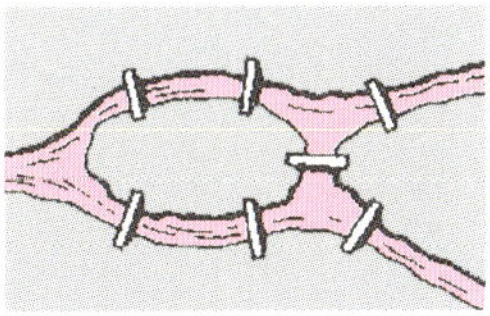

（注意）地図の外に出てはいけない。

（答えと解説は、巻末143ページに）

に正確に考えるよいトレーニングになります。

煩雑《はんざつ》すぎる問題はトレーニングにならないので避《さ》けましょう――いきあたりばったりに、当てずっぽうに解く訓練になってしまいがちですから。

拙著《せっちょ》『13歳からの論理思考力のトレーニング』(PHP研究所)や『史上最強の論理パズル』(ブルーバックス)などが単純でおすすめです。味わいもほしい人には『論理パズルBEST100』(PHP研究所)がいいでしょう。

「論理的に考える力」を伸ばす50の方法

第4章

論理的な表現力を身につける

さて、ここからは「表現」関連の項《こう》です。「表現」は単に字面《じづら》だけの問題ではありません。表現のあり方は思考のあり方に強い影響《えいきょう》があるからです。

37 英語の表現習慣に、まずなじもう

英語の表現習慣に、まずなじみましょう。「まず」というのは、文章の書き方の細かい注意点を学ぶ前に、という意味です。

日本語で日本語流に書いた意見を英語に訳せば、意見を述べる英文として十分なできのもの（論理性の高い英文）ができあがる――と考えたら大間違《おおまちが》い。

それではまずダメです。日本語の表現習慣は、理詰《りづ》め度が低いからです。英語の表現習慣のほうが、理詰《りづ》め度ははるかに高いのです。

英語の表現習慣に、まずなじみましょう。そうすれば、日本語で意見を書く際、理詰《りづ》め度がより高い文章を書くことができます。

46ページに発言例を1つ置きましたが、ここに、例をさらに3つ置いておきましょう。

例文1

女の子Aが男の子Bをパーティーに連れてきて、そこでBが災難にあったとします。この状況《じょうきょう》で、日本語では、Aは「連れてきて悪かったなあ」くらいの言い方をしますね。一方、英語では、たとえば以下のように言います。

"I feel guilty. I brought him here."

(「あたし、罪悪感、感じちゃうな。あたしが彼《かれ》をここに連れてきたんだもの」の意。)

英語圏《けん》では、ほとんどつねにこの調子で、理由を添《そ》える形式です。

例文2

"Better be careful. Jill might get jealous!"

(「あなたは気をつけたほうがいいよ。ジルが嫉妬《しっと》するかもしれないから」の意。1つ目のセンテンスでは、文頭のYou'dが省略されている。)

この発言は、日本語だったら、「ジルが嫉妬《しっと》しないように、あなたは注意したほうがいいよ」くらいでしょう。理由を添《そ》える形式にはしませんね。

例文3

児童向けの小説や物語では以下のような書き方がよくあります。

And things continued to get worse.

（そして、状況《じょうきょう》はさらにひどくなっていった。）

というような1行のみの段落を置いて、以下、それについて詳《くわ》しく書いていく

――そのタイプの書き方です。

つまり、概要《がいよう》を先に述べ、詳細《しょうさい》説明を続ける形式で、これは、理詰《りづ》めの説明の大基本の1つです［なお、この形式については第50項《こう》中の「小論文の書き方」のところで再び登場します］。

38 日本人が書いた論説文を進んで読まないようにしよう

日本人が書いた論説文を、みずから進んで読まないようにしましょう。なぜなら、日本人の論説文には、理詰《りづ》めの文章の書き方からかけ離《はな》れているものが多いからです。とくに、「意見を述べる」とは何を述べることか（次項《じこう》）を知らないかのような書き方の文章が多いからです。

日本人の論説文は、だいたいは次のような書き方になっています。

「Aである。Bである。Cである。Dである。……（以下、これがずっと続く）」

「要するに何を言いたいのか」は書かれず、「何が何の理由になっているのか」は通常、字面《じづら》で示されていません（「なぜなら」とか「～だからである」などの表現はほとんど使われません）。だいたいのところ、国語の問題として、「この著者は、要するに何を述べたいのか。著者の主張を要約せよ」とか「この著者は＊＊と述べているが、その理由はなぜか」と出題できる文章なのです。

そのように書くのではなく、主張の要約や理由は著者自身が書かなければなりません。理詰《りづ》めの文章は、「この著者は＊＊と述べているが、その理由はなぜか」などのように国語の問題として出題できる部分があってはならないのです。

日本人が書いている論説文を読むと、理詰《りづ》めの文章として下手なサンプルを読むことになって、無意識のうちにその書き方を真似《まね》るようになってしまうので、それを読むのは避《さ》けたほうがいいのです。

多くの中高生は、「論理的な文章」として論説文を読み、そのタイプの文章になじみます。そういった現状なので、大学生が書くレポートはたいてい、論文の形

［フォーム］をなしていなくて、教科書に載《の》っている論説文のように曲がりくねった道のような文章になっています［レポートの書き方については第50項《こう》で少しふれます］。

39 「意見を述べる」とは何を述べることかを知ろう

「主張（結論）」と「その理由」を述べる――これが意見の述べ方の大基本です。主張だけでは意見ではありませんし、理由だけでも意見ではありません。

この形は、第7項《こう》で見た論証の形と同じです。つまり、意見は「論ずる」形式で述べなければならないのです。
たとえば、学級会において「来週のフィールド・トリップで、博物館と水族館のどちらに行くか」について意見を述べ合っている際、「水族館に行くほうがよいと思います」と述べても、意見を言ったことにはなりません。一方、「水族館に行くほうがよいと思います。（その水族館では）シロイルカの赤ちゃんが生まれたばかりで、シロイルカの赤ちゃんを見る機会はざらにあるものではありませんから」と述べたら、これは意見になっていますね。

日本人が書く論説文の多くでは、主張が何であるかが曖昧《あいまい》です。また、その主張の理由は書かれないことが多く（暗示にとどまっていて）、「なぜなら」とか「〜だからである」などの論理関係を示す表現が使われることも滅多《めった》になくて曖昧《あいまい》です。

理由の部分は、わかりやすく書かなければなりません。理由がよくわからないなら、書き手の理屈《りくつ》は読み手に伝わらないからです。

日本でよくあるタイプの論説文の短縮版

「去年の＊＊の出費はなんと▲だった。どうにかならないものだろうか」

この文章の主な欠陥《けっかん》は、以下のとおりです。

● 「出費額を減らすべきだ」という主張が明言されていない。主張は暗示ではなく、明示しなければならない。

● 「それでは多すぎるから減らすべきだ」という理屈《りくつ》であるにもかかわらず、理由の部分（「それでは多すぎる」）が明言されていない。また、「▲では多すぎる」という評価になる理由や、「多すぎたらよくない理由」も書かれていない。

重要な教訓

「理屈《りくつ》を理詰《りづ》めに書く」とは、そのような理由を丁寧《ていねい》に書く、ということなのです。

結論が修辞疑問文ではダメ。これは論文の鉄則です。

（注）「～ではないだろうか」のような文——形は疑問文で、真意は疑問文ではない文——を修辞疑問文といいます。

40 「客観的に書く」とはどのように書くことかを理解しよう

意見は客観的に述べるほうがよい、ということは、たいていの人は知っています。しかし実際には、たいていの人は意見を主観的に述べています。どのように述べることが主観的・客観的なのかを、具体的に知らないからです。

主観的な文章とは、主張を支える部分のなかに「私」が入っているもの（私の判断で支えているもの）のことです。たとえば、次のような文章です。

「シェイクスピアの戯曲《ぎきょく》は名作とはいえない。なぜなら、それは『私には』つまらないので」

「その政策はダメでしょう。それがよい結果をもたらすだろうとは『私には』思えないので」

「私の判断」で支えると、主観的な意見なのです。

支える部分が「私」とは関係のない意見が、客観的な意見です。たとえば、「明日は雨でしょう。西の空に黒い雲がありますから」や「マリヴォーの『愛と偶然《ぐうぜん》の戯《たわむ》れ』は名作です。緊迫感《きんぱくかん》が最後までずっと保たれていますから（注）」などは、客観的な意見です。

あなたが述べる意見は「私の意見」なのですが、そのなかの「私の主張」を「私の判断（考え・思い）」で支えてはなりません。

（注）

これは、「万人《ばんにん》がそう判定するはず」という意味の表現で、内容（保たれているか否か）は「私」とは関係がありません。「緊迫感《きんぱくかん》がずっと保たれているように感じましたから」などのように、「私」に言及《げんきゅう》・限定するのがダメなのです。これは重要なポイントなので、理解しておきましょう。

41 作文を書く際は「私」の使用を可能なかぎり減らそう

作文を書く際は、「私」という語の使用を可能なかぎり減らしましょう。

注意

「私」の文字を省略しよう、の意ではありません。つまり、「私は△△と思う。」

を「△△と思う。」と書いても、「私」を減らしたことにはなりません。「私は」という文字が省略されているだけです。「〜と思える」や「〜と考えられる」でもダメです（作文でそのように書く子はまずいませんが）。

これは英文をたくさん読んだ人しか感じないことでしょうが、日本人の作文や小論文は、そのなかに「私」が多くて異様です。とくに、客観的に書くべき小論文中に「私」が多いのは、あまりに異様です。どう思っているかがずらっと並んでいるのです。「私」から離《はな》れるための第一歩として、まず、作文で「私」をなるべく使わないようにしましょう。

本項《ほんこう》が何を意味するかは例がないとわかりにくいかもしれませんので、例を示しておきましょう。

「夏休みの経験（経験全般《ぜんぱん》について書く必要はなく、1つの経験について語ればよい、という但《ただ》し書きつき）」についての作文の例です。

この夏休みに私はいくつかの新しい経験をしましたが、そのなかで格別に大きな経験は、シドニーの自然史博物館に行ったことでした。そこで私は絶《ぜつ》滅《めつ》した多くの動物の剝製《はくせい》を見て、世界のすべての生物に対する私の目は、すっかり変わってしまったのでした。

これが1つ目の段落（作文の概要《がいよう》を紹介《しょうかい》する段落）で、このなかに多少「私」があるのはしかたないですね――テーマが、「私」がどう過ごしたか、ですから。でも、詳細《しょうさい》説明である2つ目以降の段落では、「私」をほとんど使わずに書き続けることができます。いまはもういないそれらの動物がどのような姿をしていて、どのような光景の世界にいたのか、とか、それらのガラスの目が何を語っていたのかを、「この作文の読み手があたかもその場に同時にいるかのように感じられるほどの詳《くわ》しさ」で説明をするわけですから、「私」が登場する余地はほとんどありませんね（そして、その詳細《しょうさい》が、読み手の世界感を変えてしまうほどのものだったなら、その作文は大成功です）。

追記

この例の冒頭《ぼうとう》の文を途中《とちゅう》で切って、「この夏休みに私はいくつかの新しい経験をしました」で1つ目のセンテンスとするのはダメです。その形にすると、読み手は、そのセンテンスを読んだ瞬間《しゅんかん》に、それらのいろいろな経験を次に読むことを期待することになり、そして、その期待は裏切られるからです。

つまり、1つ目のセンテンスが「この夏休みに私はいくつかの新しい経験をしました」では、案内として不適切なのです。

42 論理的な文章に「道」はいらないことを知っておこう

「論理的に述べる」とは「筋道を立てて述べる」こと、と考えている人がたくさんいますが、これは大きな間違《まちが》いです。「道」はいりません。

前提から結論が正しく導かれていることだけが必要です。

つまり、結論を支えるための理由が、聞き手・読み手にとって納得《なっとく》のいくものであること。それだけが必要なのです。

例を挙げましょう。

「わたしはこのケーキを食べたい。おいしそうだから」

これは理にかなっています。つまり、論理的。この発言には「筋道」はありません。

「このリンゴは1つ100円。だから、2つ買えば200円」

これも論理的です。この発言にも「筋道」はありません。

論証は建造物

「論ずる」を国語辞典で調べると、「筋道を云々《うんぬん》」と書いてあるものがあり、これが日本の論説文の多くが紆余曲折《うよきょくせつ》している形式で書かれる元凶《げんきょう》になっているのかもしれません。つまり、「論じる際は道を説明するかのように、ゴールに向かって一歩一歩前進するように、『Aである。Bである。Cである。Dである。などど』と書かなければならない」という間違《まちが》った意識（道の意識）を多くの書き手に与《あた》えているのかもしれませんね。

比喩《ひゆ》で表現すると、「論証」は道ではありません。結論を理由で支える建造物なのです。どんな理由で結論を支えているかの構造を論理構造（**logical structure**）といいます。この表現は、論証が建造物であるという意識からきているのです。

43 「読者が補わなければならない文章」を書かないようにしよう

日本人は小学校以来、「文章中に書かれていないことを補う練習」をたくさんしていて、「文章中に書かれていないことを読者が補うのは当然」という考え方になってしまっているので、「何かを論ずる文章」を書く際に、「文章中に書かれていないことを読者が補わなければならない文章」を書いてしまいがちです（とくに、理由を明言せず、暗示ですませてしまいがちです）。

それで、日本人が書いた「何かを論ずる文章」は、概《がい》して、理解が困難な欠陥《けっかん》文になっています。

大きな部分の例

「現在、▲▲が多く、▼▼が少ない状況《じょうきょう》である。私たちは△△をしなければならない。」

ここでは、事実の記述からいきなり結論にジャンプしていて、理由は暗示にとどまっています（「その状況《じょうきょう》はよくない」の意は読者が読み取れるはずだから省略、という態度）。

細《こま》かな部分の1例

たとえば、「昨日、バスの事故があり、10人がケガをした。」ではダメで、「昨日、バスの事故があり、その事故で10人がケガをした。」でなければならないのです（前者では、事故とは別にケガ人が出た、とも読めるからです。なお、「その事故で」の部分は、「それにより」などでも可）。日本語の表現習慣から見ると、後者はあまりにくどすぎますが、理詰《りづ》めの表現とは、そういうものなのです。

「察すればわかることは省略」というスタンスで書いた文章ではダメなのです。

自分が書いた文章を読み返すとき、「文章中に書かれていないことを読者が補わなければならない部分」があるかをチェックし、あなた自身で補う書き込《こ》み（加筆）をしましょう。

44 「要するに何を言いたいのか」を1つのセンテンスで書き表わそう

何かを論ずる際、つまりあなたの意見を書く際は、プランの段階で、「要するに何を言いたいのか」を、まず最初に、どこか（白紙の片隅《かたすみ》など）に1つのセンテンスで書きましょう。

そして次に、それを眺《なが》めながら、「結論が必然的にそのようになる理由」として何を書く必要があるかを考えましょう。

そうすれば、自然に、「すっきりとした構造」のよい文章になります。

45 理由を詳《くわ》しくわかりやすく書こう

主張を支える理由を、わかりやすく書きましょう。

意見を述べる際は、これがもっとも大切です。わかりにくかったら、読み手はあなたの理屈《りくつ》に同意できませんから（「どんな理屈《りくつ》なのかよくわからないけれど、その理屈《りくつ》にはおおいに納得《なっとく》がいく」などと考える人はいませんから)。

そのために必要なのは、どの部分が理由なのかを字面《じづら》で示すことです。

たとえば、「Aである。Bである」の書き方ではダメです。「Aである。したがってBである」とか「Aである。なぜならBであるから」などのように、接続詞などを使って字面《じづら》で示さなければならないのです。

46

論理構造の部分はすべて述べよう

論理構造の部分は、すべて述べなければなりません。

省略があると、論理性が低く見えるからです。

単純な例

「1およびその数自身でしか割り切れない〝2以上の数〟を素数といいます。したがって、101は素数です」

これは、省略されている部分を明言して、次のように述べるほうが論理性は高く見えます。

「1およびその数自身でしか割り切れない数を素数といいます。101は1と101でしか割り切れません。したがって、101は素数です」

これはあまりに単純な例なので、明言前と明言後の論理性の変化があまりはっきりとはわからないかもしれませんね。次の例は、もっとよくわかるでしょう。

「毛サイは現在、200頭しかいません。だから、毛サイは絶滅《ぜつめつ》の危機に瀕《ひん》しています」

省略されている部分を明言してみましょう。

「毛サイは現在、200頭しかいません。200個体しかいない動物は、自然のままの状態で放置しておくと、絶滅《ぜつめつ》してしまいます。だから、毛サイは絶滅《ぜつめつ》の危機に瀕《ひん》しています」

どうですか？　文章の論理性がずっと高くなったことがわかるでしょう？

また、論理構造の部分をすべて述べると、自分の書いた文章にある欠陥《けっかん》に気づき、それで改良しなければならないことがわかる場合がある、というメリットもあります。

たとえば、「私たちの学校にはシャワー室がない。だから、それを作る必要がある」（α）。

この論理構造には、述べられていない部分があります（2つ目のセンテンスを結論として導くために必要な前提が、1つ欠けているのです）。なので、それを明言すると、「私たちの学校にはシャワー室がない。学校にないものはすべて作る必要がある。だから、それを作る必要がある」。

補足

補うものがたとえば「学校にないもののうちのいくつかは、作る必要がある」では、シャワー室を作る必要がある、という結論が導けないことはわかりますか？

このように、論理構造をすべて述べると、「学校にないものはすべて作る必要がある」の部分がおぞましくひどいことがわかります。つまり、αの理屈《りくつ》がむちゃくちゃであることに気づけるのです。
それで、あなたは、自分の文章をひどいままで終えることなくすむのです。

47 論理構造中に逆説があってはならない

論理構造中には「しかし」や「ところが」などの逆説があってはなりません。

このことは、次の１例（論説文によくある絶句例）を見るだけで、十分理解できるでしょう。

例文

「△△である。しかし▲▲である。ところが▼▼である。（以下省略）」

これからどんな結論が得られるのでしょう？　わかりませんね。

論証中に逆説があると、論理構造は破綻《はたん》するのです。

論証では、結論以外には、結論を支えるものしか書いてはなりません。

追記

この例文は、前にも置きましたね。このような文章を書く人には、結局、以下のような欠陥《けっかん》があるのです。

①思考が単純ではなく、ごちゃまぜになっている（△△と▲▲と▼▼などの部分はたいていてい、別次元の話です）。

②複雑に書くことをよしとしている。
③論理構造中に逆説があってはならないことを知らない。などなど。

48 余分なことを述べてはならない

理詰《りづ》めに考えるのが下手な人は、あれこれ思った内容を文章中にいろいろ書き並べます。なので、その文章は、説明が紆余曲折《うよきょくせつ》している形式となります。読み手が「説明の話がどこに向かっているのかがよくわからない状態で読み続けなければならない」――そういう文章です。

理屈《りくつ》はわかりやすく示さなければなりません。それができない人は、理詰《りづ》めに考えるのが下手な人（思考の理詰《りづ》め度が低い人）なのです。

49 ごまかした書き方をしてはならない

ごまかした書き方をしてはなりません（ごまかした書き方の文章を読んだ人が「なるほど、その理屈《りくつ》はもっともだ」と思うことはありませんから）。

「抽象的《ちゅうしょうてき》な語」を使うごまかしも、もちろん厳禁です。高校生はテストで何を述べたらいいのかわからないときに（具体的なことが書けないときに）、抽象的《ちゅうしょうてき》な表現で解答欄《らん》を埋《う》めることがよくあります。これではダメです。それでは何を伝えたいのかが読み手に伝わらないからです。

注意

「抽象的《ちゅうしょうてき》な表現を使うのはダメ」なのではありません。それだけなのはダメなのです。

「何を述べたいのかを、抽象的《ちゅうしょうてき》な表現を使って短く書き表わし、そのすぐ次のセンテンスで具体的に説明する」――この形式なら理解しやすくておおいに結構なのです。

たとえば、「第＊代将軍Aの厳しい政治は、民衆の反発を招いた」と書いたなら、それに続けて、「厳しい政治とは、具体的にどんな政治だったのか」、「民衆の反発とは、具体的にはどんな出来事があったのか」を書きましょう。

そうすれば「概略紹介＋詳細説明《がいりゃくしょうかいプラスしょうさいせつめい》」の形になって、非常に理解しやすい文章になります［これは、次項《じこう》に続きます］。

50 「理解しやすい文章」の標準的な書き方を知っておこう

［前項《ぜんこう》に続いて］ちなみに、第＊代将軍AがBとC（など）をして、その結果、DとEが起こったとすると、文章は以下のようにするのが「理解しやすい文章」の標準的な書き方です。

「第＊代将軍Aの厳しい政治は、民衆の反発を招いた。AはBとC（など）をして、その結果、DとEが起こったのである」

これで1つ目の段落は終わりで、その次にB、C、D、Eについて詳《くわ》しく説明する段落をそれぞれ1つずつ置くのです。

つまり、以下の構成です。

「概要《がいよう》の文（概括《がいかつ》文）。次に、具体的な説明文」で1つの段落（全貌紹介《ぜんぼうしょうかい》の段落）。

それに続いて、1つ1つについての詳細《しょうさい》説明の段落。

このようにすれば、とても理解しやすい文章になります――しかも、理知的な文章です。

小論文の書き方

小論文の構成も、これとほとんど同じで、以下のようにしましょう。

❶まず、全貌紹介《ぜんぼうしょうかい》の段落。
❷詳細《しょうさい》を説明すべき1つ1つについて、それぞれ1つの段落で説明。
❸結論の段落（この段落中にある「結論」そのもの［あるいはその短縮版］は、全貌《ぜんぼう》紹介《しょうかい》の段落中にもなければならない）。

レポートの書き方

レポートの構成もこれとほとんど同じです。

❶全貌紹介《ぜんぼうしょうかい》の段落。
❷詳細《しょうさい》説明の段落を複数。
❸結論（あるいは、まとめとしての総括《そうかつ》文）の段落。

学術論文の形式も基本的にはこれと同じ（ただ構成要素数がこれよりも多いだけ）なので、大学生が書くレポートは、この形式がベストです（大学教官にとって読みやすいので）。中高生がこの形式を避《さ》けるべき理由はないので、中高生のレポートの場合もこれが望ましい書き方です。

追記

英語の小論文と学術論文の構成の用語名で少しまぎらわしい点があるので、それについてふれておきます。

両者における**Introduction**が何を紹介《しょうかい》する部分なのかが異なっているのです。

小論文では、最初の段落は**Introduction**と呼ばれます。これは概要紹介《がいようしょうかい》の段落で、このなかには結論の紹介《しょうかい》も入れなければなりません（この部分を「序論」と訳している本があるので要注意。ここは「まえがき」のようなことを書く段落ではなく、読み手の関心を引きつけることを書くための導入の段落でもありません）。

学術論文では最初にAbstractという見出しのセクションが置かれます。これは概要紹介《がいようしょうかい》のセクションです。つまり、小論文におけるIntroductionと同じです。

次にIntroductionという見出しのセクションが置かれます。これは、その論文を書く動機となった背景などを紹介《しょうかい》するセクションです。概要紹介《がいようしょうかい》ではありません。

◉103ページの問題の答えと解説

（答え）不可能

要するに「下図が一筆書きで可能か」という問題です。

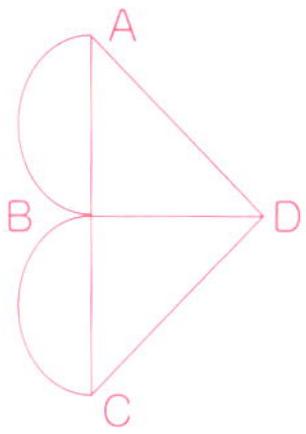

以下では、「そこから奇数の道が出ている地点」を奇頂点《きちょうてん》とよびます。

①ある奇頂点《きちょうてん》が出発点なら、そこはゴールではありません。
②ある奇頂点《きちょうてん》が出発点ではないなら、そこはゴールです。

したがって、一筆書きが可能であるためには奇頂点《きちょうてん》は最多で２個までが可能で、奇頂点《きちょうてん》が３個以上あると一筆書きは不可能です。

ところで、出題図では、Ａ～Ｄはすべて奇頂点《きちょうてん》（つまり、奇頂点《きちょうてん》が４つ)。
したがって、一筆書きは不可能です。

（出所：『論理パズルBEST100』206ページ）

〈著者紹介〉

小野田　博一（おのだ・ひろかず）

東京大学医学部保健学科卒。同大学院博士課程単位取得。大学院のときに2年間、東京栄養食糧専門学校で非常勤講師を務める。日本経済新聞社データバンク局に約６年間勤務。JPCA（日本郵便チェス協会）第21期日本チャンピオン。ICCF（国際通信チェス連盟）インターナショナル・マスター。JCCA（日本通信チェス協会、旧称JPCA）国際担当（ICCF delegate for Japan）。
著書に、『13歳からの論理ノート』『13歳からの頭がよくなるコツ大全』『数学難問BEST100』『13歳からの算数・数学が得意になるコツ』（以上、PHP研究所）、『数学〈超絶〉難問』『数学〈超・超絶〉難問』（以上、日本実業出版社）、『人工知能はいかにして強くなるのか？』（講談社）など多数。

装幀＝こやまたかこ
装画＝宮尾和孝
本文イラスト＝ヒガシマサユキ
編集協力・組版＝月岡廣吉郎

YA心の友だちシリーズ

「論理的に考える力」を伸ばす50の方法

2018年１月８日　第１版第１刷発行

著　者　小野田　博一
発行者　瀬津　要
発行所　株式会社ＰＨＰ研究所
東京本部　〒135-8137　江東区豊洲5-6-52
児童書出版部　☎03-3520-9635（編集）
児童書普及部　☎03-3520-9634（販売）
京都本部　〒601-8411　京都市南区西九条北ノ内町11
PHP INTERFACE　https://www.php.co.jp/

印刷所　共同印刷株式会社
製本所　東京美術紙工協業組合

ISBN978-4-569-78718-3

NDC141 143p 20cm